力を身につけながら
楽しくレベルアップ!!

スポーツクライミング
ボルダリング

ベースボール・マガジン社／編集
西谷善子（ユース日本代表ヘッドコーチ）／監修

ベースボール・マガジン社

体ひとつで壁を登れる！

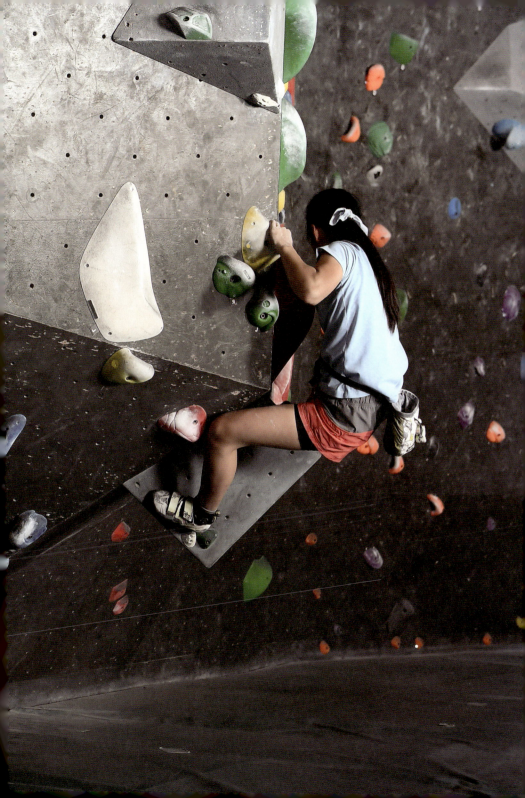

達成感がある!

はじめに

　体ひとつで壁を登っていけるボルダリング。力がないとできないと思うかもしれませんが、そんなことはありません。いちばん大切なのは筋力ではなく考える力。難しいコースになるほど、壁についたホールドをよく見て、どう体を使っていくかを考えなければ、うまく登れないからです。誰だってはじめはうまく登ることができません。そこからたくさん考え、いろいろな登り方を試した末に、やっとゴールできたときは本当にうれしいものです。ボルダリングの魅力にぜひふれてみてください。

もくじ

はじめに 6
本書の使い方 10

Part 1 スポーツクライミング「ボルダリング」をはじめる前に

- ボルダリングってな〜に？ 12
- どんなスポーツ？ 14
- ボルダリング競技のルールと観戦ポイント 16
- 誰にでもできるの？ 18
- やりやすい服装と準備すること 20
- ボルダリングジムでのマナー 22
- 人工壁の形状を知ろう①② 24
- ボルダリングジムでのルール 28
- 振り返り宝探しアドベンチャー1 30
- ● コラム「クライミングの歴史」 32

Part 2 壁に慣れよう！

- ホールドの種類と持ち方①② 34
- フットワークを覚える①② 38
- 基本の登り方①② 42
- 遊びながら壁に慣れよう①② 46
- 振り返り宝探しアドベンチャー2 50
- ● コラム「ムーブ」 52

Part 3 考えながら登ってみよう！

- 入門編の課題①〜④ ……………………………………………… 54
- コーナーを利用した課題①〜⑤ ………………………………… 62
- 大きなホールドを使った課題①〜④ …………………………… 72
- 振り返り宝探しアドベンチャー3 ………………………………… 80
- 課題(コース)はどうやって作っているの？ …………………… 82
- ⬢コラム「オブザベーション」 …………………………………… 84

Part 4 もっと上達したい！

- 長い課題に挑戦！①〜④ ………………………………………… 86
  - コースの解説 …………………………………………………… 94
- 工夫しながら登ろう！①〜④ …………………………………… 96
  - コースの解説 …………………………………………………… 103
- 振り返り宝探しアドベンチャー4 ………………………………… 104
- ⬢コラム「保持力をきたえる」 …………………………………… 106

Part 5 ケガを予防する

- 年齢に合った体の使い方 ………………………………………… 108
- ウォーミングアップと
  クーリングダウン①② …………………………………………… 110
- ボルダリングに多いケガ ………………………………………… 114
- 気をつけたい足のトラブル ……………………………………… 116
- アフターケア ……………………………………………………… 118

監修者とモデルの紹介 ……………… 120　　おわりに …………………………… 121
この本に出てきた代表的な動き … 122　　五十音順さくいん ………………… 126

本書の使い方

ボルダリングジムでの課題（コース）の見方、壁についた突起やホールドの種類、壁を登るためのさまざまな動きを解説しているよ。最初からじっくり読んでもいいし、知りたい項目を選んで実践してもOK。タイトルがポイントになっているから、覚えるときっと役に立つはず。

テーマ
課題の名前や覚えてほしいことをテーマ別に紹介しているよ。

タイトル
そのページで伝えたいポイントや動きのコツが、そのままタイトルになっているよ。

ポイントの解説
大事なことはポイントに書いてあるよ。上達のヒントにしよう。

先生からのアドバイス
監修者の西谷善子先生に、アドバイスを聞いたよ。

NGポイント
これはやっちゃダメ！ということが書いてあるよ。必ず守って。

もっとうまくなりたい！
ワンランク上を目指せる、とっておきのアドバイスを紹介しているよ。

もっと知ろう！
より深く知るための情報を紹介しているよ。もっと詳しくなろう。

ワンポイント
とくに意識してほしいポイントを解説しているよ。注目してみてね。

調べてみよう
ボルダリングのしくみや歴史に興味を持ったら、自分でもう一度、詳しく調べてみよう。

保護者の方へ
危険が伴う動きや、注意していただきたい項目にメッセージがあります。

Part 1

スポーツクライミング「ボルダリング」をはじめる前に

この章では、スポーツクライミングのひとつである、ボルダリングのルールやマナーについて学んでいきます。楽しくボルダリングをするために覚えておきましょう。

1 ボルダリングってな〜に？

頭と体を使って壁を登る楽しいスポーツ

オリンピックの正式種目

　自然の岩に似せて造られた人工の壁（ボルダー）を体ひとつで登り、ゴールを目指すボルダリング。スポーツクライミングのひとつとして2020年東京オリンピックの正式種目となり、注目を集めているスポーツだ。クライミングジムなどを利用するため室内で行うことができ、加えて専用のシューズやすべり止めの粉以外は特別な道具を使わず、気軽に始められる点から、近年、人気が高まっている。

先生による観戦ポイント

ボルダリングは、難しく設定されたコースをロープなどの道具を使用せずに体ひとつで登っていくので、選手それぞれの登り方を見比べるだけでも面白いと思います。

登るたびに考える力が身につく

　ボルダリングをするうえでいちばん重要になるのが考える力。課題を登る前にはまず、スタートからゴールまでをどのようなルートで移動して、どのようにホールドをつかんでいくかをイメージする。また、登っているあいだも、次のホールドをつかむために必要な動きや体勢、ホールドの持ち方などを考え続けなくてはならない。課題（コース）に挑戦するたびに、頭を使うスポーツなのだ。

巨大な壁を登るというイメージはあるけど、ボルダリングってどんなスポーツ？ どんなことが身につくの？ はじめる前に基本的なことを知っておこう。

コミュニケーション能力が身につく

登っていく方法は自分で考えるのがボルダリングの基本。しかし、ジムでは、同じ課題に挑戦する人と登り方を一緒に考えたり、教え合ったりすることもある。また、登っている人に向かって「がんばれ」という意味の「ガンバ」という声をかけることも多い。いつの間にか、仲間が増えていくのも魅力だ。

普段は動かさない筋肉を使い、全身運動になる

ボルダリングの壁を登るには、体を大きく伸ばしたり、小さく縮めたりと、手足をホールドに届かせるために全身を使う。日常生活やほかのスポーツではなかなか使うことのない筋肉まで動かすため、体をバランスよくきたえられるのも特徴。手足がホールドに簡単に届く初心者向けの壁を登るときでも、全身に負荷がかかるので、いい運動になり、元気な体を作ることができる。

子どもから大人まで楽しめる！

ボルダリングの大きな特徴のひとつが、子どもから大人まで老若男女を問わずに誰でも楽しめること。筋力や体力は大切だが、簡単な課題から難しい課題までさまざまな壁があるので、自分のレベルに合った登り方や戦略を考えられればOK。続けるほど考える力がつき、体も慣れていき登れる課題が増えていくもの。高い場所が苦手な人は、壁の低い位置だけでも楽しめる。

2 どんなスポーツ？

ボルダリングは
スポーツクライミングのひとつ

調べてみよう

登る速さを競う
スピード

高さ15メートルの壁をロープのつながったハーネス（安全ベルト）をつけてどれだけ速く登れるかを競う種目。事前にコースがわかっているため、練習することができる。

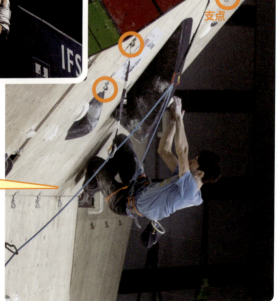

登った高さを競う
リード

高さ12メートル以上の壁のどの地点まで登ることができるかを競う種目。コースの途中にある支点にハーネスにつながったロープをかけながら登っていく。

Part 1 ボルダリングをはじめる前に

速さを競う「スピード」、高さを競う「リード」、そして難易度の高い複数の壁を登る「ボルダリング」の3種目からなるスポーツクライミング。まずは、それぞれの特徴を学んでいこう。

登った課題(コース)の数を競う ボルダリング

難しく設定された高さ5メートルほどの複数のコースを制限時間内にいくつ登ることができるかを競う種目。ロープを使用しないので、安全のため、下にはマットが用意されている。この本では、ボルダリングの登り方について解説していく。

先生からのアドバイス
ボルダリングは頭を使ってコースを読むことが大切!

ボルダリングのホールドは、どういう動きをすれば効率よく登っていけるかが、すべて考えて配置されています。選手たちは、登る前にはじめてコースを見ることができます。その場で登り方をしっかり考えなくてはいけません。

写真提供／日本山岳・スポーツクライミング協会

3 ボルダリング競技のルールと観戦ポイント

勝つためのポイントは3つ！

ボルダリング競技のルール

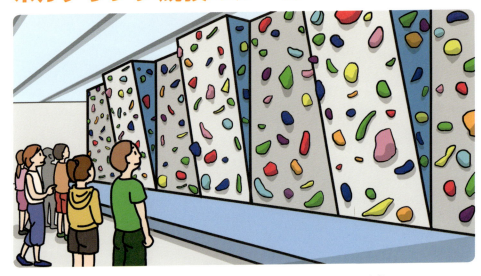

　高さ5メートル以下の壁に用意された複数のコースを制限時間内にいくつ登れるかを競う。ロープは使用せず、壁から落ちてしまっても、制限時間内であれば登りなおすことができる。足をかけにくい小さなホールドや手でつかみにくい大きなホールドなど、難しいポイントがたくさん設定されているため、選手は自分にできる体の動きをどう使って登っていくかを考えなくてはならない。事前にコースを見て登り方を考えることを「オブザベーション」といい、難しいコースほど、より正確な"オブザベーション力"や登り方が違ったときの"修正力"が必要だ。

　予選、準決勝は、ひとつのコースに5分間が与えられるが、オブザベーションの時間も含まれるため、考える時間と登る時間の配分も重要になる。6人で行われる決勝では、全員一緒にオブザベーションをしてから、ひとつのコースに4分ずつ与えられる。選手同士で相談してもいいため、駆け引きが行われることもある。

Part 1 ボルダリングをはじめる前に

まずは競技としてのボルダリングのルールを学んでいこう。勝負を決める3つのポイントを覚えることで、各地で行われている大会をより楽しく観戦でき、上達のヒントにもなる。

❶ 課題（コース）の完登数

順位をつけるうえでいちばん重要なのが、いくつの課題を登り切れたかをあらわす完登数。ほかの選手が登っているところを見ることはできないため、事前にコースを確認するときに、どう登るかを考えるオブザベーションで勝負が決まる。

先生による観戦ポイント
決勝のオブザベーションは、選手を集めて行われるため、話し合う人や、ひとりで考え込む人など、個性が出ます。

❷ ゾーンの獲得数

ゾーンに指定されたホールドを持って安定した姿勢をとることで、完登できなくてもゾーンポイントがつく。コースの中でも難しい位置に設定されているため、ゾーンの前で落ちてしまう人も多い。

先生による観戦ポイント
完登数に次いでゾーン獲得数が重要。完登が難しくても、ゾーンをとっておくことが大切です。

❸ 完登までのアテンプト（トライ）数

ボルダリングは落ちても競技終了にはならず、制限時間の中でなら、何度でも登りなおせる。ただし、完登までに挑戦した回数をアテンプト数と呼び、登りなおすたびに不利になる。1回で完登できるように登り方を考えることが大切だ。

先生による観戦ポイント
ボルダリングのコースを1回で完登することを「一撃」といいます。強い選手ほど、一撃できる能力も高いです。

4 誰にでもできるの?

はじめる前のギモンを解決!

Q どこでできるの?

A 基本は ボルダリングジム

屋内に人工の壁があるボルダリングジムがおすすめ。カラフルなホールドがついた壁を課題(コース)に合わせて登っていく。高さは5メートルほどで、壁の下には安全のためのマットが敷かれている。

Q 外ではできないの?

A 初心者が岩場を 登るのは危険

自然の岩場などでもできるが、とても危険なため、高い技術力と安全性を確保しないとダメ。指導者や熟練者と一緒に行くか、技術をしっかり身につけてから挑戦しよう。

Q 力がないとできないの?

A 力がなくても、壁を 登ることはできる

人間は生まれたときから「ものをつかむ力」がそなわっているため、簡単な課題なら、誰でも登ることができる。登れば登るほど必要な技術や筋肉がつくので、まずはやってみよう!

Part 1 ボルダリングをはじめる前に

どんな人がボルダリングに向いている？　難しいイメージがあるスポーツだが、体ひとつで登ることができ、どう登っていくかを考える力も必要なため、運動が苦手な人も楽しめる。

Q 体の大きさは関係ある？

A 体に合った登り方がある！

体の大きい人は、遠くのホールドをつかみやすく、近いホールドには体を小さくしないといけない。小さな人はその逆になる。どんな体型でも得意・不得意な登り方があるもの。自分の体を理解して、うまく使うことで、登れるようになる。

Q どういう人が向いている？

A 体を動かすことと考えることが好きな人

どういう動きをすれば登れるかを考えるため、ゲームや読書など、頭を使うことが好きな人も向いている。何度も挑戦して成功したときの喜びは最高。スポーツが苦手でも、ボルダリングを通して体を動かすことが好きになる場合がある。

5 やりやすい服装と準備すること

クライミング専用の道具を使おう 調べてみよう

動きやすい服装ならOK！
全身を動かすため、ヒジやヒザの曲げ伸ばしをしやすい服装がおすすめ。

チョークバッグ
手の汗ですべらないように、すべり止めになるチョークを使おう。チョークバッグは近くに置いておくか、背中側につけるとジャマにならない。

爪は切っておこう！
ホールドを力強くつかんだときにケガをしないよう、爪は短くしておく。

クライミングシューズ
足でホールドをしっかり踏めるよう、小さめのつくりになっている。

ストレッチしよう！
ケガをしないよう、登る前には必ず全身のストレッチをして体をあたためる。

ストレッチの内容は110ページへ！

Part 1

ボルダリングをはじめる前に

ボルダリングをはじめる前に、準備について学ぶ。クライミングシューズとすべり止めのチョーク以外は特別な道具を使わず、体ひとつで登れるので、まずはジムに行ってみよう。

シューズや チョークバッグは ジムで借りられる！

専用のシューズ、チョーク、チョークバッグはジムで借りることができる。着替えるスペースも用意されているので、動きやすい衣服があれば、いつでもボルダリングをはじめられる。

慣れてきたら、 自分に合った シューズを履こう！

さまざまな種類があるクライミング専用シューズは小さめに作られているため、自分の足のサイズや足型に合ったものを選ぼう。足に合わないシューズを履き続けないように。

ボルダリング専用の置いて使うタイプのチョークバッグ。

保護者の方へ クライミングシューズに関する注意事項を116ページに掲載しています。

6 ボルダリングジムでのマナー

「課題はひとりずつ」が鉄則！

❶ 課題はひとりずつ登ろう！

人とぶつかったらとても危険なため、ひとつの課題を登るのはひとりまでと決まっている。近くの課題を登っている人がいるときも、接近してしまう可能性があるので、よく確認するように。

❷ マットの上はあけておこう！

壁を登っている人が落ちてくる危険があるため、マットの上で休憩したり遊ばないようにしよう。すぐ下に人がいると、登っている人も危ないと感じて不安になってしまう。

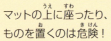

マットの上に座ったり、ものを置くのは危険！

Part 1 ボルダリングをはじめる前に

ボルダリングジムには、ケガをしないように安全に登るためのルールや、みんなで気持ちよく使うためのマナーがある。しっかり守って、楽しくボルダリングしよう！

❸ 壁をひとりで占領しない！

どんなに楽しくても、壁をひとりじめして登り続けないように。みんな登りにきているため、順番を待っている人にゆずってあげよう。

❹ 壁のフチや配管にはさわらない！

禁止されている壁のフチや配管はさわらないこと。ケガの危険があるため、ホールドのネジ穴に指を入れないようにしよう。

❺ 専用シューズを履いて登ろう！

はだし、靴下、いつも履いているスニーカーなどで、ホールドに足をかけるのは危険。クライミングシューズを履いて登ろう。

❻ がんばっている仲間を応援しよう！

「ガンバ！」「もう少し！」「惜しい！」など、がんばっている人に声かけて応援するのもボルダリングの楽しいところ。

❼ チョークボールを使おう！

すべり止めのチョークは粉のまま使うとこぼしやすいため、チョークボール（小さな布の袋）に入れよう。液体チョークもある。

❽ スタッフの指示に従おう！

わからないことがあったら、すぐにジムのスタッフに聞こう。登り方のヒントやポイントを教えてくれることがある。

7 人工壁の形状を知ろう①

ジムにはいろいろな壁がある

← フェイス

床に対して垂直の壁のこと。比較的、登りやすい形状のため、初心者はまずこの壁から登ってみよう。

スラブ →

床に対して角度が90度以下に傾いた壁。

ボルダリングジムには角度や形状が違うさまざまな種類の壁が用意されている。それぞれの特徴と呼び方を事前におぼえて、自分が登っているイメージをふくらませてみよう。

Part 1 ボルダリングをはじめる前に

⬆ ルーフ

床に対して角度が180度ほどに傾いた、でっぱりの下部。天井のような形状で、体重の負荷がかかりやすい。

⬅ コーナー

ふたつの壁のつなぎ目にあたる、凹角のこと。壁を利用して手や足をつっぱり、安定した体勢をとることができる。

25

8 人工壁の形状を知ろう②

壁の名前を覚えよう 調べてみよう

⬆ ルーフ

⬅ オーバーハング

壁からの角度が垂直以上の壁のことをオーバーハングといい、「100度」「120度」など、角度で呼ぶこともある。

ひとつの課題の中に、種類の違う壁が複数入っていることがある。壁の上のフチ（リップ）を使ってゴールする課題や壁の横のフチやカド（カンテ）を使う課題もあるので、覚えておく。

⬅⬆ **ボリュームのあるホールド（ハリボテ）**

壁の形に変化をつけるためのでっぱり。海外では「ボリューム」、日本では「ハリボテ」と呼ばれることが多い。

⬅ **リップ**

壁のいちばん上のフチのこと。リップがゴールに設定されている課題もある。

⬅ **カンテ**

壁の横のフチやカドのこと。

9 ボルダリングジムでのルール

色で分けられた課題を見つける 調べてみよう

ホールドの色で課題が分かれている場合とホールドの脇に貼られたテープが課題の目印になっている場合がある。色によって難易度が分かれているが、その色分けはジムによってさまざま。近所のジムで確認してみよう！

上の壁はオレンジが7級（初級）、いちばん上のグレーが初段（上級）と設定されている。

テープの色や形で課題を見分けるジムもある。

写真協力／ノボロック

ジムではレベル別に設定されたコースのことを課題と呼んでいる。ひとつの壁に何種類もの課題が入り組んでいることが多いので、まずはしっかり見分けられるようになろう。

Part 1 ボルダリングをはじめる前に

スタートとゴールのホールドを探す

　課題のスタートとゴールのホールドには、「S（スタート）」「G（ゴール）」という目印があるので見つけよう。スタートマーク部分に、カンテを使ってもいい「カンテあり」、足はどのホールドに乗せてもいい「足自由」など、課題それぞれのルールが書かれていることもある。

スタートの仕方

ひとつのホールドを両手で持ち、床から足が離れた状態でスタートするのが基本だが、「右」「左」という印があったらそれぞれの手で持つ。ゴールも両手で。

ゴールのホールドは両手で持つ

29

クライミングの歴史

　クライミングは、登山方法のひとつとして、ロープなどの道具に頼りながら自然の岩肌をよじ登るロッククライミングからはじまりました。そこから、安全のためだけに道具を身につけ、自分の手足を頼りに岩肌を登るフリークライミングに発展。1980年代頃に、施設に人工の壁が作られたことでアウトドアからインドアに移り替わり、スポーツ競技としてのクライミングが誕生しました。体ひとつで壁を登るボルダリングは、老若男女を問わずに世界中で親しまれていますが、大きな大会が行われるようになったのは2000年代に入ってから。まだ新しいスポーツなのです。

Part 2

壁に慣れよう!

この章では、ホールドの種類や持ち方、フットワークなど、壁を登るための基本を紹介しています。まずは、低い位置で練習し、壁やホールドに慣れましょう。

10 ホールドの種類と持ち方①

ホールドの向きや位置によって持ち方を変える

指のかかりが深い

ガバ
ガバッと持てるホールド。深くえぐれているので、指がかかりやすく持ちやすい。

ガバ ホールドの形に合わせて親指以外の4本の指を引っかける持ち方。力を入れ過ぎないのがポイント。

アンダー
下向きのホールドは、荷物を持ち上げるように下から上に引っぱる。

サイドプル
横向きの場合は、体の重心を移動させながら、引きつけるように持つ。

たとえば、顔の前にあるホールドが横向きについていたら？

ガストン
手の甲を顔に向け、肩を入れて持つ方法。サイドプルは親指が上向きに、ガストンは下向きになると覚えよう。

ジムの壁に設置されている石に似たカラフルなホールドは、形によって持ち方が変わる。ここでは代表的な3つのホールドを紹介。矢印の方向に力を加えて持っている。

壁に慣れよう！

指のかかりが浅い

カチ

カチッとした小さなホールド。つかみにくいため、指先を引っかけるようにして持とう。

カチ持ち 指を曲げ、指先に力を加えて引っかけるようにして持つ。「クリンプ」とも呼ばれる。

オープンハンド 親指以外の4本の指を引っかける、自由度の高い持ち方。第一関節を意識しよう。

指がかかりにくい

スローパー

丸みがあり、つかみどころがないホールド。持ちやすい部分を見つけることがポイント。

パーミング 肩の力を使いながら、手のひらで押さえつけるように持つ。

先生からのアドバイス

同じ形のホールドでも向きや持ち方によって呼び方が変わります。

35

11 ホールドの種類と持ち方②

ホールドの形に合わせて効果的に持つ

ピンチ
「つまむ」という意味の細長いホールド。太めのものを「ファットピンチ」と呼ぶ。

ピンチ
親指と4本の指で挟むように持つ。指にしっかり力を入れる。

ポケット
穴が開いた形状のホールド。穴の大きさによって入る指の数が変わる。

ポケット
穴の大きさに合わせて親指以外の指先を使って持つ方法。ポケットはこの持ち方をすることが多い。

違う形のホールドでも、同じ持ち方をすることがある

プッシュ
ひじを伸ばしながらホールドを押して体を持ち上げる。体の横にあるホールドや、大きなホールド、ハリボテに使うこともある。

ラップ
ホールドを包み込むようにワキをしめて持つ方法。力がなくても持ちやすいが、すべりやすいのでしっかり持つようにする。

Part 2 壁に慣れよう！

ホールドにはさまざまな種類があり、持ち方の名前で呼ぶことが多い。前のページで基本の持ち方を覚えたら、ホールドをよく見て、どうやって持てばいいかを考えるクセをつけよう。

ホールドについたチョークのあとは、持つ位置や持ち方のヒントになる。

ホールドの色や形はさまざま。大きさや形に合った持ち方を考えながら登ろう。

先生からのアドバイス

ホールドをよく見て、どう持つかを考える

ピンチをサイドプルやガストンで使うこともあれば、カチをアンダーで持つこともあります。ホールドの形状といちばん力を入れやすい方向をよく考えましょう。

37

12 フットワークを覚える①

つま先を使って
ホールドに足を乗せる

つま先の内側を使う
インサイドエッジング

つま先の内側を使ってホールドをとらえる。

つま先のやや外側を使う
アウトサイドエッジング

つま先の外側を使ってホールドをとらえる。

インサイド	フロント	アウトサイド

足の親指から中指までを意識する。

つま先の真ん中を使うことを「フロント」という。

足の中指と薬指を意識する。

壁に慣れよう！

足を乗せやすい大きなホールドだけではなく、足の指先を意識しないと乗せられない小さなフットホールドもある。ここでは、つま先を使ってホールドに足を乗せる方法を紹介する。

スメアリング
ハリボテなど傾斜のあるホールドに使うフットワーク。つま先をベタッと押しつけて、かかとを下げる。かかとが上がるとすべりやすくなるので注意しよう。ホールドの形状に合わせ、力が効く位置に足を置くことがポイント。壁にスメアリングを使うこともある。

かかとや甲を使うフットワークもある！

ヒールフック
ホールドにかかとを引っかけて力を加える。

トウフック
足の甲をホールドに引っかけて力を加える。

13 フットワークを覚える②

ホールドの上で足を入れ替える

1 ホールドに足を乗せる

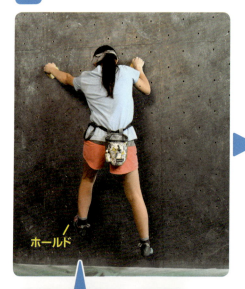

インサイドエッジングで、フットホールドに左足を乗せる。

2 ホールドにスペースを作る

左足をスライドさせながら足を入れ替えるためのスペースを作る。

ワンポイント
いっきに足をずらすと落ちてしまう危険があるため、少しずつ動かしていく。

片足が乗ったホールドにもう一方の足を乗せたいときに、ジャンプして踏み替えるのは危険。足を少しずつずらしてホールドにスペースを作る。きちんと入れ替えられるように練習しよう。

壁に慣れよう！

Part 2

3 足を入れ替える

左足をずらしながらホールドにできたスペースに右足を乗せる。

4 ホールドをしっかり踏む

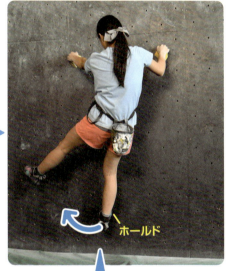

右足を安定させて左足をホールドから離し、入れ替え完了。逆足の場合も同じ。

もっとうまくなりたい！
もっと小さいホールドの場合、片方の足の上にもう一方の足を乗せて入れ替えることもある。

14 基本の登り方①

手や足を出しやすい体勢を整える

👆 **ワンポイント** 次のホールドをとるときに腰を壁に近づけよう！

このままでは次のホールドがとれない

次のホールドをとるときには、腰を壁に近づけるように意識すると、足に体重がかかりやすく、スムーズに進める。ホールドをとったら、すぐに腕を伸ばし、安定するラクな姿勢に近づけよう。

足を曲げ、腕を伸ばして重心を落とすのが、基本の姿勢。体が安定していると、体力を消耗しにくい。

 NGポイント
腕を曲げて壁に腰を近づけた体勢は体に負担がかかるため、この状態を続けないようにする。

ホールドをつかんで足をホールドに乗せられても、体が安定していないと、次の手や足を出せない。体の向きや手足の位置を考えて重心を移動させながら、体勢を整える。

足に力を入れて体を壁に近づける

次のホールドに手を伸ばすため、足に力を入れて体を壁に近づける。

このままでは足を上げられない

右手で体を支えながら、左手のホールドを押して体を壁から離す。

壁を押してスペースを作る

体と壁の間にスペースができたことで足を上げられるようになる。

> **ワンポイント**
> ヒザを曲げたときに壁やホールドに足がぶつからないよう、ガニまたで登る。

15 基本の登り方②

ホールドがついていない壁を使う

1 スタート

ホールドなし

重心を落とし、スメアリングで左足を壁に置く。腰より下の位置に足を置くと、力が入りにくく、すべってしまう。

2 壁を足で押さえて次のホールドをとる

右足のホールドに重心を乗せながら左足で壁を押さえ、上にあるホールドをとる。

ホールド

左足を上げる。

課題には、足を置きたい位置にちょうどいいホールドがないことも多い。ホールドがあるかのように壁を使うことで、次の手や足をスムーズに出すことができる。

壁に慣れよう！

3 壁を使って体を支える

ホールドに乗せた左足に力を入れて体を上げ、左手を離す。

ひとつのホールドに両足を乗せるとバランスが悪くなるので左足を壁に置く。

 NGポイント
足全体を壁にベタッと置いたり、かかとを使ったりしない。

 もっとうまくなりたい！
何度も練習してつま先や重心移動の感覚を覚えることが大切。

45

16 遊びながら壁に慣れよう①

じゃんけん陣とりゲーム

お互いの陣地を決める

両サイドにそれぞれの陣地Ⓢを設定。そこをスタート地点として、相手の陣地を目指して進み、ぶつかったらじゃんけんをする。

じゃんけんに負けたら降りる

じゃんけんに負けた人は壁から降りる。またスタートに戻って登りなおすことも可能。急がないと陣地をとられちゃう!

ワンポイント

フットワークをうまく使って、ホールドに足をしっかり乗せていくことが勝利への近道!

Part 2 壁に慣れよう！

両サイドに設定したそれぞれの陣地をとり合うじゃんけんゲームを紹介する。これまでに学んだボルダリングの基礎を意識しながら取り組むことで、レベルアップにつなげる。

相手の陣地をとったら勝ち

じゃんけんに勝った人は、ホールドをうまく使って、壁から落ちないように進む。落ちたらスタートに戻る。

チーム戦も楽しい！

大勢でチームに分かれてゲームしても楽しい。横移動ができるホールドがついた壁なら、もっと広くてもOK！

もっとうまくなりたい！
壁の横移動は、上に登るのと同じくらい難しいため、繰り返すことで力がつく。

保護者の方へ　スペースをとるため、ジムのスタッフへの事前確認が必要です。

47

17 遊びながら壁に慣れよう②

障害物をよけて登る

アーチをくぐろう!

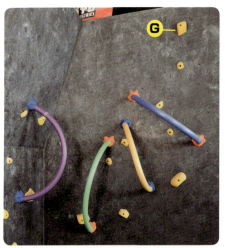

アーチをくぐりながら登っていくゲーム。体が少しでもぶつかるとアーチがとれてしまう。

 もっとうまくなりたい!
重心を落としたときの体の使い方や手足をどう出していくかを考える練習になる。

 NGポイント
ホールドをとらえる手元や足元がいちばん大事。アーチにばかり気をとられないように!

壁に慣れよう！

クライミング専用のアーチを使ったゲーム。体を小さくしながら登ることが完登のポイントになる。棒などを使って、オリジナルの障害物ゲームを作ってみるのもおすすめ!

保護者の方へ　ジムのスタッフへの事前確認が必要です。

ムーブ

　ボルダリングでは、ホールドをつかむ力に加え、次のホールドをつかむために体を効率よく動かしていくことが、重要になります。その動きを「ムーブ」といい、動きの特徴に合わせて名前がつけられていますが、これが絶対に正解というムーブはありません。自分の体をよく知り、自分に合ったムーブを考えていきましょう。壁を登りながらバランスをとるための基本は、体を手足の三点で支える三点支持。次のホールドをつかむ手以外の手足で三角形ができるように意識することで体が安定し、体への負担が軽くなります。

Part 3

考えながら登ってみよう!

この章では、それぞれにポイントを設定した3つの課題を登っていきます。次のホールドをとるために体をどう動かしているかをよく見て、参考にしましょう。

18 入門編の課題①

ホールドを見て体の向きを考える

この課題を登ろう!

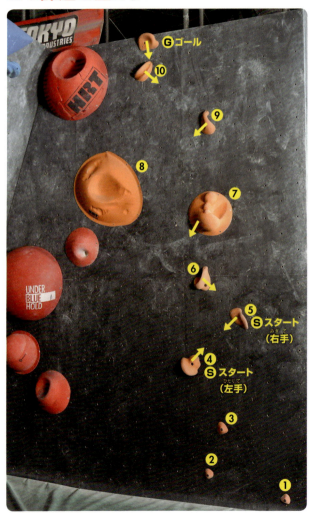

1 スタート準備

⑤のホールドの向きに合わせて持つ。

> **先生からのアドバイス**
>
> ホールドをとった手で矢印の方向に力を入れるときに、体が安定する向きや足の位置を考えられるようになりましょう。繰り返しイメージすることが大切です。

①～⑩は登る順番ではありません。
ホールドを持ったときに力が効く方向を矢印で示しています。

ガバはいろいろな向きになっている。まずはホールドをよく見て、力の効く方向を考える。そこから、左右どちらの手だと効果的に持てるか、体の向きはどうすればいいかをイメージする。

考えながら登ってみよう！

2 スタート

両足ともインサイドを使ってホールドに足を乗せる。

3 体を引いて足を上げる

左手で⑥をとり、壁から体を引いて③に右足を上げる。

横から見ると

ワンポイント
スタートの体勢に注目。このときに腕を曲げると壁に近づいてしまい、次の手を出しにくい。

55

19 入門編の課題②

壁を使って体を支える

4 体を安定させる

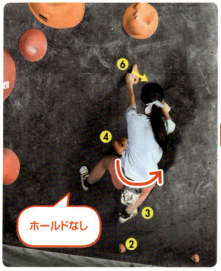

ホールドなし

②から左足を離すときに、左側に体が振れてしまわないように、左足で壁を押さえて体を支える。

5 足で壁を押さえてホールドをとる

左足で壁を押さえて、右手を⑦に伸ばす。

 NGポイント
⑥のガバは持ちやすく、力で体を持ち上げることもできるが、腕の力だけでは腕に負担がかかり、疲れてしまう。

ホールドや壁から足を離すときに、勢いがついて体が左右に振られてしまい、体に負担がかかることがある。これを防ぐためにも、離した足はすぐに壁やホールドに置くといい。

考えながら登ってみよう！

6 左足をホールドに乗せる

体を安定させながら、
左足を④に乗せる。

横から見ると

右足を上げ、重心を下げてバランスをとる。

ワンポイント
サイドのホールドは持ちにくいため、力が効く位置に重心を移動させる。

20 入門編の課題③

ホールドを持ち替える

7 体を左方向に引く

右足を壁につけて体を安定させ、左手を⑦に置いてから、右足を⑤に上げる。

▶ ▶ ▶ ▶

横から見ると

8 ホールドを持ち替える

⑨を右手でとるために、⑦を左手に持ち替える。体を左にずらして右手を上げられるように、体勢を整える。

 もっとうまくなりたい！
左手でも⑧や⑨に届くが、先を考えると右手で⑨をとるのがベター。どうしてなのか考えてみよう。

 もっと知ろう！
ホールドを持ち替えることを「持ち替え」という。

考えながら登ってみよう！

壁を登っていくうえで、片方の手でとっているホールドをもう一方の手に持ち替えなければ登れないことがある。持ち替えやすい大きめのホールドや位置などを事前に確認しておこう。

9 手を交差させてホールドをとる

横から見ると

⑦で体を支えながら、右手で⑨をとる。

⑨で支えながら、⑦をプッシュして体を持ち上げ、左足を上げる。

先生からのアドバイス　⑨を左手でとって右手に持ち替えることもできますが、⑨から先の動きを考えると、⑦で持ち替えた方がスムーズです。

21 入門編の課題④

ホールドをよく見て力が効く方向に体を向ける

10 左足に重心を移動させ、右足を次のホールドに乗せる

重心を⑥に移動させながら⑦にある左手を離し、⑤の右足も離す。

⑨と⑥の二点で体を支えながら、左手と右足を次のホールドに進める。

右足のある⑦に重心を移動させながら、左足を上げる。

 もっとうまくなりたい！
⑩を持たずにゴールまで届く場合は飛ばしてもOK。必ず全てのホールドをとらなくてもいい。

 もっと知ろう！
ホールドをひとつ飛ばすことを「飛ばし」という。

Part 3 考えながら登ってみよう！

大きなホールドは、持てる位置や足を置ける位置が複数あることが多い。その先にあるホールドまでよく見て、効果的な持ち方や足の置き方、体の向きを考えておこう。

11 体重をかけられる位置に足を置く

両足で体を安定させて右手を離す。

12 ゴール

重心を上げ、左手もゴールホールドに置く。

ワンポイント
両手でホールドを持ち、体を安定させることでゴールとなる。

61

22 コーナーを利用した課題①

手を置く位置を考える

この課題を登ろう！

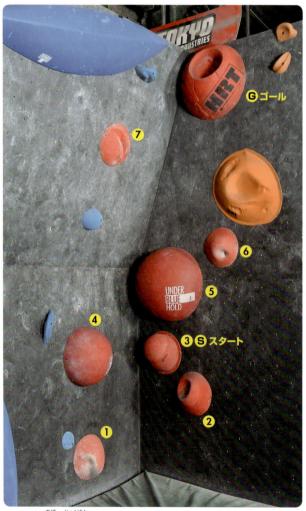

①〜⑦は登る順番ではありません。

1 スタート準備

つま先をしっかり使って、①に左足を乗せる。

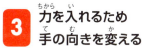

考えながら登ってみよう！

コーナーを使った丸みのあるホールドの課題。ホールドをしっかりプッシュして登ることがポイントになる。力を効率よく使うために、手の位置や向きを臨機応変に変えていく。

2 スタート

両手を使ってパーミングで③を持ち、右足を壁に置く。

3 力を入れるため手の向きを変える

左手を④に置き、両手でプッシュして体を上げる。

力が入りやすいように、左手の向きを変える。

 ワンポイント
背が高い人は②に右足を置くと、ヒザが曲がり過ぎて体が壁から離れてしまい、不安定な体勢になる。

 NGポイント
腕の力だけでムリに体を上げようとすると、ケガの原因になる。

23 コーナーを利用した課題②

ホールドを使って体を押し上げる

4 左手でホールドを押して左足を上げる

左足を④に乗せる。

⑤で体を支えながら、④の安定する位置に左足を上げていく。

5 体を両手で押し上げる

④に乗せた左足と両手を使い、体を持ち上げる。

 もっと知ろう！
スタートとゴール以外で両手を使ってホールドを持つことを「マッチ」という。

力をかけられるようホールドをうまくとらえて、体を押し上げていく。丸みのある大きなホールドのため、どの位置に手や足を置くと安定するかを意識する。

考えながら登ってみよう！

6 右手でホールドを押して右足を上げる

②から離れた右足を⑤に乗せられるように体勢を整え、左手で⑦をとる。

右手を置いた⑤に右足を乗せる。

足が上がるスペースを作るために右手で押し、体を左にずらしてスペースを作る。

もっと知ろう！
手があるホールドに足を乗せる動きを「手に足」という。ホールドをしっかり見ながら足を上げよう。

24 コーナーを利用した課題③

手を出す方向に体を振る

7 右足に体重を乗せていく

両手で⑦を引き、右足に体重をかけていく。

8 右手でゴールのホールドをとる

⑤に体重を乗せ、右手でゴールホールドをとる。

ホールドをとるときについやってしまうのが、腕の力をムリに使うこと。体を振ったり、ひねったりして、体をホールドに近づければ、ホールドをラクにとれるようになる。

考えながら登ってみよう！

9 足を安定させる

⑤と⑥に体重をしっかりかける。

10 ゴール

体を左方向に振り、左手をゴールホールドへ。

 NGポイント
ゴールホールドを持った右手に力を入れて体を引き寄せると、腕に負担がかかってしまう。

 もっとうまくなりたい！
体を振ったり、ひねったりして、ホールドに近づくことにより、安定した体勢のままで進むことができる。

67

25 コーナーを利用した課題④

体の大きさに合わせて登る

1 スタート

両手を使ってパーミングで③を持ち、右足を壁に置く。

2 ホールドを押して体を起こす

⑤に右手を置き、体を起こしていく。

②に右足を乗せ、③の左手を離す。

体の大きさや力があるかないかによって、体の使い方が変わってくる。ここでは、これまでと同じ課題を年下の子に登ってもらった。見比べて、自分に合った登り方の参考にしよう。

3 左手で体を支えて左足を上げる

4 左手を離す

左手を④に置き、左足も乗せていく。

両手と左足で体を支えながら右足を上げ、左手を離す。

ワンポイント
④のホールドで左手を返したほうが、力を入れやすい。

NGポイント
体の大きい子が、ムリをして足を上げすぎると、壁から体が離れてしまう。

26 コーナーを利用した課題⑤

体を回転させてホールドをとる

5 足を乗せ替えて体を回転させる

⑤に置いた両手で体を支えて、右足を③から離す。

両手で⑤をプッシュして、体を起こす。

右手で⑦をとるために、コーナーに入り込んで体を回転させる。

もっと知ろう！
回転して次のホールドをとることを「回転ムーブ」ともいう。

考えながら登ってみよう！

次のホールドをとるために、体を回転させ、壁に背中を向けて登ることもある。回転しないと進めない課題や回転すると見せかけて必要のない課題があるので、工夫してみよう。

6　コーナーを利用してゴールホールドをとる

7　ゴール

右手で⑦をとり、両足を⑤に乗せて体を起こす。

コーナーに入り込んでゴールする。

ワンポイント
体の大きさによっては、⑤とゴールの間に入り込めない場合がある。自分に合った登り方を考えよう。

27 大きなホールドを使った課題①

スメアリングでスタートする

この課題を登ろう!

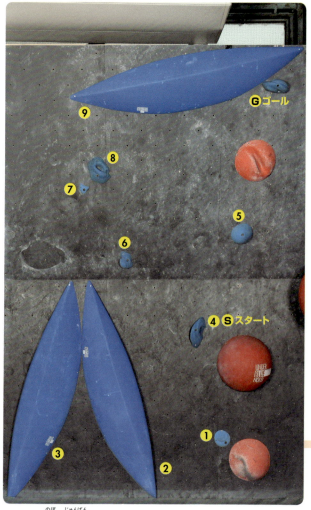

①〜⑨は登る順番ではありません。

1 スタート準備

④を右方向に引いて力を効かせながら持つ。

Part 3 考えながら登ってみよう！

大きなホールドを効果的に使うことが、この課題のポイントになる。スメアリングやインサイドエッジングなどのフットワークをうまく使って、次のホールドに進んでいこう。

2 スタート

低い位置に足を置かない!

左足をスメアリングし、すべりやすい②のホールドをしっかりとらえる。

3 左足に体重をかける

そのまま、左足に体重をかけていく。

NGポイント
②の大きなホールドは、下の位置に足を置くとすべってしまい、力が入りにくい。

73

| 28 | 大きなホールドを使った課題② |

力が効く位置に足を置く

4 足に力をかけながら、少しずつ登る

⑥を左手で引き、足でホールドをしっかり押さえながら進む。

④をとっていた右手を離す。

 ワンポイント
腕を曲げると足に力が入らないので、ホールドを持った手で体を引きながら足を進めるといい。

ホールドが大きいからと、乗せやすい位置や好きな位置に安心して足を置いても、すべってしまうことがある。つま先でしっかり確認し、力をかけやすい位置を探りながら慎重に登っていく。

5 右手をクロスさせてホールドをとる

⑥を右方向に引きながら、ゆっくり立ち上がって⑧をとる。

⑧の右手で体を支えながら、左に重心を移動させる。

左足を③に乗せて重心を下げてから立ち上がる。

もっと知ろう！
手を交差させてホールドをとることを「クロス」という。

ワンポイント
遠くのホールドをとるために、しゃがんで体を安定させている。

29 大きなホールドを使った課題③

ホールドを使って横に移動する

6 右足をホールドに乗せて体を持ち上げる

⑧で体を支えながら足に力を入れ、左手で⑨のホールドをとる。

右足を⑥に乗せる。

⑧を持っていた右手を離し、⑨をとる。

もっと知ろう！
横に移動することを「トラバース」という。

横向きについた大きなホールドに手をかけ、少しずつ進んでいく。腰を上げてしまうと、力がかからずに手がすべってしまうので、腰を下げて手に体重をかけ、体を安定させながら登る。

考えながら登ってみよう！

7 手を使って横に移動していく

重心を右足に移動させる。

左足を⑦に乗せる。

左手を右方向に進めていく。

 もっとうまくなりたい！
足で体を安定させながら、重心を移動させている。

30 大きなホールドを使った課題④

コーナーを使ってゴールする

8 左足で体を支えながら、右足を次のホールドに乗せる

両手で⑨を押さえながら、足を進めていく。

⑦に乗せた左足で体を支え、⑤に右足を乗せる。

9 体重を右足にかける

重心を右方向に移動させる。

ワンポイント
腰を落とし、体重を足にしっかりかけよう。

コーナーの壁に足を置き、つっぱることで体勢を整える方法もある。近くにコーナーがあったら必ず使わなければならないというわけではないので、必要なときにうまく利用していく。

10 ホールドの上で足を入れ替え、右足を壁に置く

⑤と⑨で体を支え、右手でゴールホールドをとる。

⑤の上で、右足から左足に入れ替える。

11 ゴール

右足をコーナーの壁に置き、体を安定させてゴールする。

ワンポイント
大きなホールドは全方向に力が効くので、手でしっかり押さえながら、足を進めるといい。

課題（コース）はどうやって作っているの？

大会の課題はルートセッターが作っている

公式の大会では、ルートセッターの資格がないと、課題を作れない。日本山岳・スポーツクライミング協会の公認ルートセッターは国内大会、国際スポーツクライミング連盟の公認ルートセッター（通称：国際ルートセッター）は国際大会の課題を設定できる。ジムなどにある課題については資格がいらず、スタッフが作っていることが多い。

国際ルートセッターの岡野寛さんが教えてくれた。

登る人に合わせた課題を考える

自分にとって難しすぎる課題は登る気になれず、逆に簡単に登れてしまうと、物足りなさを感じる。ルートセッターにとって大事なのは「誰が登るかを考える」ことだという。がんばれば登れそうな挑戦のしがいがある課題が好きな人もいれば、難しいことを考えずにただ登り続けたい人もいる。登る人のレベルや難易度をあらわすグレードに合った課題を作るのはもちろんのこと、どう登りたいのか、どう登ってほしいのかを考えて課題を作るのが、ルートセッターの仕事といえる。

ボルダリングのグレード	
初級	6級
	5級
中級	4級
	3級
	2級
	1級
上級	初段
	初段（＋）
	二段
	二段（＋）
	三段
	三段（＋）
	四段
	四段（＋）
	五段
	五段（＋）
	六段

課題の難易度をあらわす階級をグレードという。ジムには初級〜中級の課題が多く設定されているが、上級者の集まる大会では、より難しい課題が見られる。

ホールドを壁に取りつける

　壁の形状や使用できるホールドの種類を見てどんな課題ができるかを考えて作ったり、事前に動きを想定して壁やホールドの形状から考えて作ったりする。大会のレベルに合った課題を作るまでに何度もやりなおすため、完成までに1〜3日間かかることがあるという。

ホールドは、ドライバーを使ってボルトで固定する。

チームで課題を作り込む

　実際に登って試しながら課題を作るため、ルートセッターには、ボルダリングの実力が必要不可欠になる。人によって得意・不得意な動きがあるので、内容が偏らないように、最低3人、最大8人のチームで作成に取り組む。ホールドの角度を1度変える、位置を1cmずらすだけで難易度が変わってしまうため、繊細な作業が必要とされている。ルートセッターが時間をかけてじっくり作りあげた課題に対し、選手たちに与えられる時間はわずか4〜5分。大会で誰も完登できなかった課題もあるとか。

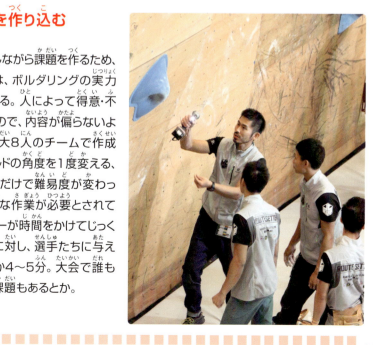

オブザベーション

　英語で「観察」の意味をもつオブザベーション。課題を事前に見てどのように登るかを考えることをオブザベーションといいます。スタートからゴールまでのホールドの位置や向きを確認し、体の使い方やどんなムーブを使うかを考えておくことによって、実際に登っている途中で悩むことが減り、無駄な体力を使わない登り方ができるようになります。
　動きが複雑になる難しい課題ほど、よく考えないと登れません。どんな課題でも、まずは全体をよく見て考えるクセをつけることが、「オブザベーション力」を伸ばす近道です。

Part 4

もっと上達したい！

この章では、Part3で紹介したものよりも少し難しい課題に挑戦していきます。ホールドの位置や向きをよく見て、体の動かし方を思い出しながら登りましょう。

31 長い課題に挑戦！①
ホールドを見て体の向きを考える（応用編）

この課題を登ろう！

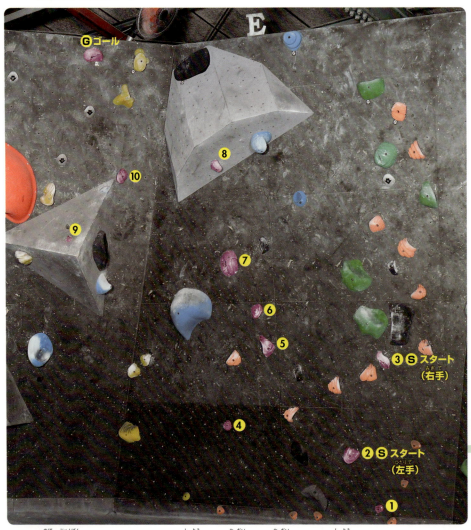

①〜⑩は登る順番ではありません。ハリボテ使用OKの課題です。課題によっては使用できません。

Part3で登った課題の応用編。ムラサキ色のホールドとボリュームのあるホールド（ハリボテ）を使って登っていく。まずはホールドの向きをよく観察してみよう！

もっと上達したい！

1 スタート

左足を①に乗せ、右足を壁に置く。アンダーで②を持つ左手で⑤をとるために、重心を左に移動する。

2 右手をサイドプルで引き、右足を上げる

左手で⑤をとり、重心を左方向にかけたまま、右足を②に上げる。

右足を②にしっかり乗せるまで、左足を①から離さずに体を支える。

 もっとうまくなりたい！
ホールドをよく見て、どちらの手でとるか、力を効かせるためには体の向きをどうすればいいかを考えてみよう。

 ワンポイント
右足が安定していない状態で左足を離すと、両足とも壁から離れてしまう可能性がある。

32 長い課題に挑戦！②

腕をクロスさせてホールドをとる

3 左足に体重をかけていく

右手で⑥をとるため⑤をサイドで引き、④に乗せた左足に体重をかけていく。

4 右手をクロスさせてホールドをとる

アンダー

⑤のアンダーを上方向に引くために、左足に力を入れて体を持ち上げる。

体を上に持ち上げ、右手をクロスさせて⑥をとる。

手をクロスするときには、ホールドを持っている方の腕を曲げて体を引きつけるのではなく、腕を伸ばしたまま、重心を移動させてホールドに体を近づけると、安定した動きになる。

Part 4
もっと上達したい！

5 壁に右足を置いて体を支える

6 右足をホールドに置いて左足を離す

②から右足を離すと右方向に体が振られるので、すぐ壁に置き、体を安定させる。

重心を左方向に移動させて、左手で⑦をとる。

右足を高く上げて⑤に乗せる。左足を離し、壁に置く。

もっとうまくなりたい！
入門編の課題②の4（→56ページ）を応用している。動きを比較して見てみよう！

もっと知ろう！
足を腰の位置まで高く上げることを「ハイステップ」という。

89

33 長い課題に挑戦！③

体の反動を使って遠くにあるホールドをとる

7 反動を使って勢いをつけ、高いホールドをとる

 ▶  ▶

⑧が遠い位置にあるため重心を落とし、反動を使って体をいっきに持ち上げ、右手のクロスで⑧をとる。

右足に体重をかける。壁に置いている左足を少し開いてバランスをとり、体が振られないように安定させる。

⑧を持つ右手に力を入れ、体を左に振って左足を⑥に置き、左手で⑩をとる。

 もっとうまくなりたい！
大きなホールドを使った課題の③の⑥（→76ページ）を応用している。動きを比較して見てみよう！

 ワンポイント
⑧のアンダーホールドはとりにくく、すぐに体を持ち上げないと、力をうまく効かせられない。

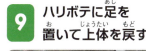

遠くにあるホールドをとるときには、反動を使って勢いをつけることがある。このとき、必要以上に勢いをつけてしまうと体力の消耗につながるので、距離感を見定められるようになりたい。

もっと上達したい！

8 体をななめにしてホールドをとる

9 ハリボテに足を置いて上体を戻す

⑧を持つ右手と⑥の左足で体を支え、⑩の左手でバランスをとる。

左足を⑥に置いたまま、右足を⑦に上げる。

右足で体をしっかり支えて、左足をハリボテに置く。

ワンポイント
⑤から右足を離して体が上がっているので、⑧のアンダーホールドに力を効かせられる。

ワンポイント
同じ課題の[2]（→87ページ）と同じ動きをしている。振り返ってみよう。

34 長い課題に挑戦!④

コーナーを使ってゴールする（応用編）

10 プッシュして足を上げるスペースを作る

⑨に左足を上げるために、⑦に体重をかける。

右手でハリボテをプッシュして、左足に体重をかける。

右足をハリボテに置いて、体を安定させ、左手でゴールホールドをとる。

 もっとうまくなりたい!
コーナーを利用した課題の②の⑥(→65ページ)を応用している。動きを比較して見てみよう!

ハリボテに挟まれたコーナーでは、体を押し上げるプッシュを効果的に使うことがポイントになる。力を効かせたい方向に重心を細かく移動させながら登っていこう。

11 ハリボテを押して体が入るスペースを作る

12 ゴール

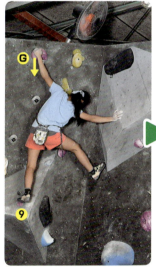

ゴールホールドを持つ左手に力を入れ、右足を下げる。

⑨で左足から右足に踏み替え、右手を押して重心を左に移動させる。

体を振り、右手もゴールホールドに置く。

ワンポイント
足を入れ替えなくてもゴールホールドをとれたが、体を安定させるために入れ替えている。

もっとうまくなりたい！
コーナーを利用した課題の③の⑩(67ページ)と同じ動きをしている。振り返ってみよう。

35 長い課題に挑戦！⑤

コースの解説

★ 右ページに続くよ！▶

右手をクロス！

重心を上げる

スタート！

ワンポイント
課題の上下の動きをそれぞれ複数の写真を重ねて紹介している。86ページからの解説と見比べよう。

Part3の課題に比べ、ホールドとホールドが離れている。そのために体を大きく動かしているが、体の使い方やムーブはほぼ変わらない。ひとつひとつ思い出しながら登っていこう。

Part 4 もっと上達したい！

ゴール！
力を入れて押す
足を入れ替える

先生からのアドバイス

「足を入れ替えながらクロスでとる」などの複合的な動きをオブザベーションの時点で考えられるようになりましょう。

36 工夫しながら登ろう！①

ホールドが体の真正面にこないようにする

この課題を登ろう！

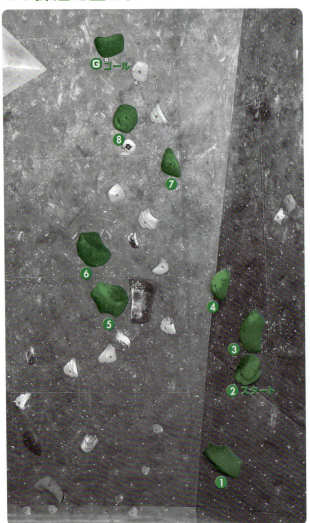

①〜⑧は登る順番ではありません。

1 スタート

両手で②をしっかり持つ。

Part 4 もっと上達したい！

レベルや体格によって登り方はさまざま。ホールドは体の真正面にあると持ちにくく、力を効かせにくいので、体や重心を上下左右に移動させながら工夫して登る。

2 足を入れ替えて次のホールドをとる

①で右足から左足に入れ替え、重心を左方向に移動させて④をとる。

3 両手でホールドを持つ

②に足を上げるために、④を両手で持つ。

ワンポイント
ホールドが体の真正面にあると動きにくいため、②③のホールドから体を左にずらしている。

もっとうまくなりたい！
体の大きさによっては、③をプッシュして②に右足を上げる方法もある。

37 工夫しながら登ろう！②

体を小さくして次の一手に備える

4 両手で持っている④に対し、下方向に力を効かせ、右足を上げる

両手の④と左足に力を入れて右足を上げる。

④を使って体を持ち上げ、②に右足を置く。

②に体重をかけ、左足を上げる体勢を整える。

ワンポイント
次のホールドをとって進むことを「一手」という。

もっとうまくなりたい！
③を右手でプッシュし、体を壁から離してスペースを作ったうえで右足を上げるという方法もある。

手を伸ばしても届くホールドがない場合は手足を曲げて体を小さくし、勢いをつけて進むのが、ひとつの方法。進めないときには、一手戻ってみると、新しい道筋が見えることがある。

Part 4 もっと上達したい！

5 左足を次のホールドに乗せる

左足を置いた⑤に体重をかけ、右手で④をプッシュしながら、⑦をとる。

6 右手でプッシュして高いホールドをとる

右手と両足が伸び切ってしまったので、次の体勢を作るために、左手を下げる。

7 左手を下げる

⑥をプッシュするために、左手の位置を変える。

NGポイント

壁を登っているときに手足がぜんぶ伸び切ってしまうと、次の一手を出しにくくなる。

38 工夫しながら登ろう！③

体を安定させながら登る

8 体を安定させて右足を上げる

⑥と⑦で体を支えながら、右足を②から離す。

9 右足をひとつ上のホールドに置く

③に右足を乗せる。

とれるホールドがなくて次に進めないというときは、体勢が整っていないことが多い。足を少し上げる、手を少し下げるなどし、体を動かせるゆとりを作ってみる。

10 左足に体重をかけながら、足を進める

左手で⑧をとって右方向に力を効かせ、⑤の左足に体重をかけていく。

⑤で左足から右足に入れ替え、左足を⑥に進める。

⑦と⑧を持ったまま、⑥で足を入れ替える。

ワンポイント
左手で持つ⑧が力を右方向に効かせられるため、⑧を引ける体の向きのまま進む。

39 工夫しながら登ろう！④

腕をクロスさせてゴールする

11 右手をクロスさせる

左足を上げ、体を壁に近づけながら、右手をクロスさせてゴールホールドを持つ。

12 ゴール

体を左に振って左足を⑥に戻す。体を安定させて左手もゴールホールドをとる。

NGポイント
右手でゴールホールドをとれたからと安心して、すぐに左手を離すと、右手に負担がかかってしまう。

もっと上達したい！

コースの解説

小さな手では持ちにくい大きめのホールドが並んだ課題。足に体重をしっかりかけ、力が効く位置でホールドをとることがポイントになる。

先生からのアドバイス

オブザベーションの時点で、「ゴールホールドを右手でとるには体の向きをどうする?」など、どう登っていくかをまずは自分で考えてみましょう。それを繰り返していくうちに登れるようになります。ほかの人の登り方を参考にしてもOK。

保持力をきたえる

　ホールドを持つ力を「保持力」といいます。ボルダリングでは、ホールドを次々に移動していくため、腕の力や握力よりも、ホールドをつかんで体勢を維持する力＝保持力が必要になります。
　指先を使って鉄棒などにぶら下がり、体勢をキープしたり、体を持ち上げたりすると、力の入れ方や重心のかけ方に慣れ、指先でホールドを保持する力が身につきます。
　保持力が高いほど、クライミングに有利ですが、小さい子どもや初心者が急にきたえるのは危険。上級の課題を登れるようになったら、練習に取り入れてみましょう。

Part 5

ケガを予防する

この章では、医師の六角智之先生とともに、ボルダリングについてまわるケガの危険について紹介します。安全に楽しむためにも、しっかり学んでいきましょう。

40 年齢に合った体の使い方

体にかかる負荷をコントロールしよう

まずは正しいフォームを身につける

> 私が解説していきます

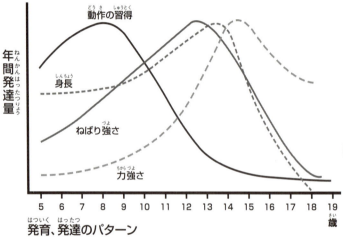

発育、発達のパターン

医師の六角智之先生

　ホールドにぶら下がったり、足を上げたりと、ボルダリングにはダイナミックな動きをするイメージがあるかもしれないが、まずは正しいフォームで登れるようになることが大事。いまのうちに体の使い方を覚えておくと、将来、高いレベルの課題も登れるようになる。年齢に応じた体型や筋力によって身につきやすい動作があるので、右の項目で自分の年齢に合った練習を意識しよう。

11歳以下
ムーブを習得する

12歳〜14歳
継続的に動けるようにする

15歳〜18歳
力強さを身につける

19歳以上
身体動作を発達させる

Part 5　ケガを予防する

ボルダリングは、重心を考えながら全身を動かして壁を登っていくので、いつもは使わない筋肉や関節を多く使う。その分、体に負担がかかるため、上手にコントロールしてケガを予防する。

体を効率よく使うためのポイント

❶ 姿勢を正す
姿勢が崩れていると、体の一部の筋肉や関節にばかり負担がかかってしまう。普段から正しい姿勢を意識しよう。

❷ ウォーミングアップとクーリングダウン
ボルダリングの前後にストレッチをすると、体を動かしやすくなる。110〜113ページをチェック！

❸ 体を安定させる
体が安定していない状態で次のホールドをとろうとすると、体のどこかに負担が必ずかかり、効率が悪い動きになると考えよう。

❹ ムリをしない！
どうしても届かないホールドはムリしてとらないようにする。手足が伸ばせないときにヒジやヒザを使って進むのも控えよう。

❺ 普段のストレッチ
激しい運動を突然行うと、ケガのもとになる。普段からストレッチをして筋肉や関節をやわらかくしておくと、体を動かしやすくなる。

六角先生からのアドバイス
ケガをしないために
体を安定させて体勢を整え、効率よく壁を登っていくことが、ボルダリング上達への近道であり、ケガの予防にもなります。

41 ウォーミングアップとクーリングダウン①

運動前後は全身をストレッチしよう

ワキを伸ばす

お互いの手を持ち、ワキの下を伸ばすように引っぱり合う。背筋を伸ばして外側のヒザを少し曲げると、力がかかりやすい。

肩を伸ばす

腕を上げ、片方の手でもう一方のヒジを持って引っぱる。背筋を伸ばして肩甲骨を意識すると効果的だ。

ボルダリングは全身の筋肉を使うため、必ず、開始前にウォーミングアップをし、終了後にはクーリングダウンを行う。ここでは、ストレッチの一部を紹介する。

背中を伸ばす

お互いの肩を持ち、押し合いながら背中を伸ばす。足は曲げずに、背中をそらすようなイメージで行う。

背中を伸ばす

片方の腕をもう一方の腕で抱えるように持ち、体に引き寄せて背中を伸ばそう。

42 ウォーミングアップとクーリングダウン②

運動前後は全身をストレッチしよう

おしりを伸ばす

体育座りをして片方の足をもう一方のももに乗せる（写真左）。下の足を倒して体をひねる（写真右）。

股関節を伸ばす

足を前後に広げて後ろ足のヒザを床につけ、前のヒザに両手を置いて股関節を伸ばす。

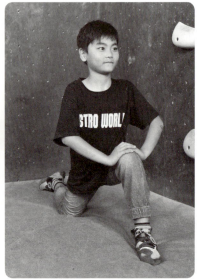

Part 5 ケガを予防する

筋肉がやわらかくなり、全身が温まるため、ストレッチには、ケガの予防だけではなく、体をより動かしやすくする効果もある。時間をゆっくりかけて体を伸ばしていこう。

手の甲を伸ばす

手の甲を前に向けて、もう一方の手で引っぱる。

手のひらを伸ばす

手のひらを前に向けて、もう一方の手で引っぱる。

どうして、クーリングダウンが必要なの？

筋肉や関節に疲労がたまると、ケガの原因になる。運動後は疲労がたまりやすく、そのままにしておくと、体に負担がどんどんかかってしまう。この疲労や負担を軽減するのが、軽い運動とストレッチ。運動中の興奮状態からリラックスした状態に戻す効果もある。

運動後のストレッチがケガ予防に

43 ボルダリングに多いケガ

カチ持ちばかり使わないようにする

いちばん多い指のケガ

親指以外の4本の指に力を入れて持つ「カチ持ち」。はじめは難しく感じるが、慣れてくると、ホールドをしっかりつかめるようになり、カチではないホールドもカチ持ちで持ってしまうことがある。この持ち方は、5本の指の中でいちばん長い中指に負担がかかりやすく、多用しすぎると、指の関節が変形するケガにつながるので注意しよう。

中指に負担がかかる

カチ持ち
指先にぐっと力を入れてカチッと持つ。多用しすぎると、中指に負担がかかり、関節を痛める原因になる。

ホールドに合った持ち方をしよう

カチ持ちをしてはいけないというわけではない。同じ持ち方ばかりしないように意識することが重要。たとえば、丸みのあるホールドはパーミングで持つ、カチでもぐっとつかまずに持てる場合はオープンハンドで持つなど、ホールドの形や位置、そのときの状況に合わせられるように、持ち方のバリエーションを広げよう。

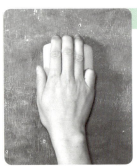

オープンハンド

手を広げた持ち方は、保持力アップにもつながる。

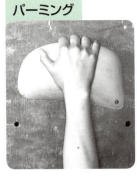

パーミング

Part 5 ケガを予防する

ホールドをとるときの手の出し方や足の置き方などについては、慣れると、得意な動きと苦手な動きが出てくる。同じ動きを多用すると、体の一部に負担がかかり、ケガの原因になる。

ケガをしやすい動きもある

課題によっては、体の一部に大きな負荷をかけないととれないホールドもある。危ないなと感じたら違う動きを考えるなどして、ムリを絶対にしないようにする。

ヒザを壁につけて体を支える「キョン」というムーブはケガをしやすい。

ケガをしやすい状況とは？

年齢、体型、練習量などの状況が似ていても、ケガをする人としない人がいる。ケガの原因はひとつではないが、体の動かし方にクセがつき、どこか一部に負荷がかかっている傾向がある。また、中学生〜高校生にかけての成長期が終わるタイミングでケガをすることも多い。これは、体が大きくなるにつれて筋肉や体重が増えながらも、体の各部位は成長し切れていないから。体の使い方や変化への意識が大事になる。

体に異変を感じたら、大人にすぐ相談しよう！

44 | 気をつけたい足のトラブル

壁を登らないときは シューズを脱ごう

クライミングシューズは小さく作られている

クライミングシューズは、つま先に力をかけて小さいホールドの感覚をつかみやすいように、足指が少し曲がるサイズに作られている。また、つま先の内側で体を支えることが多いため、体重がやや内側にかたむくような作りになっているのも特徴。シューズを履いている間は、足がいつもとはちがう形であることを自覚しておこう。

シューズの中では、足指が少し曲がっている。

長時間、履き続けないようにする

足がきゅうくつなら大きめのシューズにすればいいのではないかと考えるかもしれないが、それではホールドに足をうまく置くことができない。小さなシューズを履き続けていると足が疲れてしまうので、壁を登らないときは、こまめに脱いで足指を伸ばしておこう。

登らないときはシューズを脱ごう!

Part 5 ケガを予防する

ジムの壁だけでなく、岩壁も登れるように設計されたクライミングシューズは、小さめのサイズを選ぶことがポイントになっている。シューズの特徴をよく理解し、こまめに脱ぎ履きしよう。

壁から降りるときはしっかり着地する

　マットがあるとはいえ、高いところからジャンプしたり、片足で着地したりするのは危険。ゴールしたら、近くのホールドを使って、高さ1メートルくらいの低い位置まで降りてこよう。飛び降りるときは、下をよく見て両足で着地する。登っている途中で落ちてしまう場合も、マットから飛び出さないように注意。きちんと下に降りるまで、気を抜いてはいけない。

きちんと下を確認して

両足で着地する

高いところから飛び降りない
飛び降りるのは、高さ1メートルほどの危なくない位置まで、ホールドを使って降りてから。

マットの継ぎ目に注意する
マットの継ぎ目に足を挟んでケガをしないように、注意して降りよう。

降りるときも集中する
登れたからと安心して気を抜かず、降りるまで、しっかり集中しよう。

45 アフターケア

ボルダリングを終えた後は

足の指のストレッチ／タオルギャザー

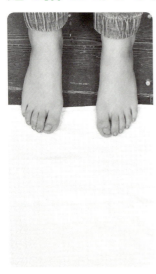

タオルのフチに足の指がかかるように、足を置く。

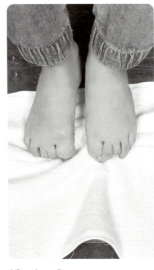

指を曲げ伸ばししながら、タオルを自分の方に寄せていく。

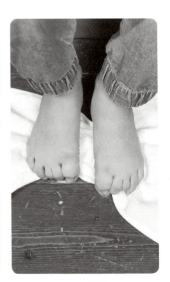

タオルがぜんぶ足元に寄せられたら終了。

ふたりで競争！

タオルを自分の方に引き寄せ、相手の足がタオルから離れたら勝ち。みんなで楽しみながら、足の指をストレッチしよう。

Part 5 ケガを予防する

手でホールドをつかみ、つま先や足指に力を入れて登るボルダリングは、とくに手足に負荷がかかる。疲労をためてしまわないように、登り終えた後はしっかりストレッチをしておこう。

指のストレッチ

ボルダリングは、ホールドを強くつかむことが多いため、どうしても指に負担がかかる。つかむ動きと逆方向に手や指を伸ばすストレッチを習慣にし、ケガを予防しよう。

輪ゴムで負荷をかけて指の力で手を開くストレッチもある。

なわとびも有酸素運動！

有酸素運動

たくさん練習した後は、有酸素運動で体を落ち着かせよう。軽いランニングや自転車のほか、簡単な課題をゆっくり登るのもいい。

体の部位が熱くなったら、アイシングをする

手足などの体の一部が熱いと感じたら、冷やすことも効果的。いつまでも熱い場合や痛みがある場合は、すぐ病院に行く。

バケツに氷水をはってアイシングする方法などがある。

監修者とモデルの紹介

監修 西谷善子

1984年、京都府生まれ。国際武道大学卒業。鹿屋体育大学大学院博士課程修了。日本山岳・スポーツクライミング協会のユース日本代表ヘッドコーチで、大学の非常勤講師も務めている。

医師 六角智之　千葉市立青葉病院 整形外科統括部長。スポーツクライミング医科学院長。

モデル 秋原弥生

ボルダリング歴1年
「難しい課題を登れるとうれしい！」

モデル 張替大雲

ボルダリング歴4カ月
「難しいときもあるけど、いつも楽しい」

おわりに

　筋力や保持力をどんなに身につけても、考える力をつけないと、難しい課題は完登できません。まずは壁を見て、どう登るかを考えます。そして、実際に登ってみて、なぜ登れたか、なぜ登れなかったかについても考えます。ボルダリングの上達には、この繰り返しが大切になります。

　目標が高すぎると挫折してしまうこともありますが、ボルダリングには、初心者、上級者に関係なく、さまざまな課題があり、ひとつひとつクリアしていけるため、達成感があります。「どうしてもあのホールドがとれない!」と思っても、あきらめずに何度も考えて登っていると、いつの間にか完登できるようになっていきます。

撮影協力
クライミングジム「マーブー」
代表 時長武史（写真右端）

ホールド協力
有限会社セブンエー
（48ページ）

この本に出てきた代表的な動き①

クロス

腕を交差させてホールドをとる動き。腕の交差の仕方はさまざま。

88ページ 「長い課題に挑戦!」②

これもクロス!

74、75ページ 「大きなホールドを使った課題」②

101、102ページ 「工夫しながら登ろう!」③④

ホールドをとるための体の動きはすべて「ムーブ」といい、一部の動きには名前がついている。ここでは、今回使った代表的な動きを紹介する。

プッシュ

ホールドや壁を押して体を持ち上げる動き。

92ページ 「長い課題に挑戦!」④

これもプッシュ!

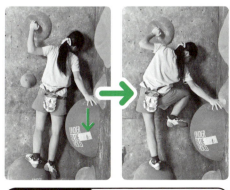

65ページ 「コーナーを利用した課題」②

58、59ページ 「入門編の課題」③

この本に出てきた代表的な動き②

持ち替え

ひとつのホールドを
持ち替える動き。

66ページ
「コーナーを利用した課題」③

足の入れ替え

ひとつのホールドで
足を入れ替える動き。

93ページ
「長い課題に挑戦!」④

手に足

手があるホールドに足を上げる動き。

69ページ
「コーナーを利用した課題」④

トラバース

ホールドや壁を使って横に移動する動き。

77ページ
「大きなホールドを使った課題」③

マッチ

ひとつのホールドを両手で持つこと。

左/58ページ
「入門編の課題」③

右/97ページ
「工夫しながら登ろう!」①

五十音順さくいん

【あ行】

アウトサイド(38ページ) …………… つま先の外側。

アンダー(34ページ) ………………… 下向きのホールドとその持ち方。

一撃(17ページ) ……………………… 課題を1回で完登すること。

一手(98ページ) ……………………… 次のホールドをとること。ひとつ進むこと。

インサイド(38ページ) ……………… つま先の内側。

オーバーハング(26ページ) ………… 床に対して垂直以上に前傾した壁。

オープンハンド(35ページ) ………… 親指以外の4本の指の第一関節を使ったホールドの持ち方。

オブザベーション(16ページ) ……… 課題を下見して登り方を考えること。

【か行】

ガストン(34ページ) ………………… 肩を入れたホールドの持ち方。

課題(28ページ) ……………………… ボルダリングの壁に設定されたコース。

カチ／カチ持ち(35ページ) ………… カチッとした小さなホールドとその持ち方。

ガバ(34ページ) ……………………… 深くえぐれたホールドとその持ち方。

カンテ(27ページ) …………………… 壁の横のフチやカド。

完登(17ページ) ……………………… 課題を登り切ること。

グレード(82ページ) ………………… 課題の難易度を表す階級。

コーナー(25ページ) ………………… 壁のつなぎ目にあたる凹角。

【さ行】

サイド／サイドプル(34ページ) …… 横向きのホールドとその持ち方。

スメアリング(39ページ) …………… つま先を使って大きなホールドや壁を登るフットワーク。

スラブ(24ページ)	床に対して垂直以下に傾いた壁。
スローパー(35ページ)	丸みがあり、つかみどころがないホールド。

【た行】

チョーク(20ページ)	すべり止め用の粉。
トウフック(39ページ)	足の甲をホールドに引っかける方法。
飛ばし(60ページ)	ホールドをひとつ飛ばすこと。

【は行】

ハイステップ(89ページ)	足を腰の位置まで高く上げること。
パーミング(35ページ)	手のひらで押さえつけるようなホールドの持ち方。
ハリボテ(27ページ)	ボリュームのあるホールド。でっぱり。
ヒールフック(39ページ)	かかとをホールドに引っかける方法。
ピンチ(36ページ)	細長いホールドとその持ち方。
フェイス(24ページ)	床に対して垂直の壁。
フロント(38ページ)	つま先の真ん中。
ホールド(34ページ)	壁についている、石を模した突起。
ポケット(36ページ)	穴が開いたホールドとその持ち方。
ボルダー(12ページ)	ボルダリングの壁。

【ま行】

ムーブ(52ページ)	ホールドをとるための体の動き。

【ら行】

ラップ(36ページ)	ワキをしめて包み込むようにホールドを持つ方法。
リップ(27ページ)	壁のいちばん上のフチ。
ルーフ(25ページ)	床に対して180度ほどに傾いた壁。天井のような形状。

考える力を身につけながら
楽しくレベルアップ!!
スポーツクライミング
ボルダリング

2018年9月25日　第1版第1刷発行

編　集	株式会社ベースボール・マガジン社
監　修	西谷善子
発行人	池田哲雄
発行所	株式会社ベースボール・マガジン社

〒103-8482 東京都中央区日本橋浜町2-61-9 TIE浜町ビル
電話　03-5643-3930(販売部)
　　　03-5643-3885(出版部)
振替口座　00180-6-46620
http://www.bbm-japan.com/

印刷・製本　大日本印刷株式会社

スタッフ

撮　影	矢野寿明
編集統括	西垣成雄
制　作	株式会社サンポスト (http://www.sunpost.co.jp)
デザイン	柳谷和志、キムコンニブ、小林由喜、扇原直子、松尾佐紀
イラスト	SoNo
編　集	金子弥生、柳沼伸幸

© Yoshiko Nishitani 2018
Printed in Japan
ISBN 978-4-583-11176-6 C2075

※定価はカバーに表示してあります。
※本書の文章、写真、図版の無断転載を禁じます。
※本書を無断で複製する行為(コピー、スキャン、デジタルデータ化など)は、私的使用のための複製など著作権法上の限られた例外を除き、禁じられています。業務上使用する目的で上記行為を行うことは、使用範囲が内部に限られる場合であっても私的使用には該当せず、違法です。また、私的使用に該当する場合であっても、代行業者等の第三者に依頼して上記行為を行うことは違法となります。
※落丁・乱丁が万一ございましたら、お取り替えいたします。